KB198570

Why? Sports 농구

글 민초 그림 이유철
감수 조현일(농구 해설위원)

 예림당

감수 　(조현일)

스포츠 전문 채널 SPOTV에서 NBA 농구 해설위원으로 활동하고 있습니다.
KBS 1라디오 〈스포츠 스포츠〉에서 농구 패널로 출연하였으며,
농구 유튜브 채널 〈조코피TV〉를 운영하고 있습니다.

글 　(민초)

과학·인문학 매거진 기자 출신으로 이루어진 기획 창작 집단입니다. 미국 NASA,
아이비리그, 서유럽 3대 박물관, 갈라파고스, 아마존 등 여러 세계 명소를 취재·집필했으며,
〈강철의 파이터〉〈수학탐정K〉〈애니멀사이언스〉 등 다양한 학습만화를 기획하고 연재했습니다.

그림 　(이유철)

애니메이션 동화 작업을 시작으로, EBS 방송 교재와 초·중학교 교재 삽화를
오랫동안 다수 작업해 왔습니다. 현재 과학잡지에 만화를 연재하고 있으며,
주요 작품으로는 〈상상영단어〉〈몸의 주인은 나야!〉〈그리스 로마 신화〉 등이 있습니다.

농구를 내면서

농구는 전 세계적으로 큰 인기를 끌고 있는 스포츠입니다. 미국 프로 농구 NBA, 농구 월드컵 등이 높은 시청률과 매진율 속에 열리고 있으며, 삼삼오오 모여 길거리 농구를 즐기는 아마추어 일반인들도 주변에서 쉽게 찾아볼 수 있지요.

사실 농구는 과일 바구니 안에 공을 넣으면 어떨까 하는 작은 아이디어에서 시작한 스포츠였습니다. 하지만 빠른 속도, 화려한 개인기, 유기적인 조직력, 변화무쌍한 팀 전술 등 다양한 매력 포인트들을 두루 보여 주면서 최고의 겨울 스포츠로 거듭났습니다.

〈Why? 스포츠 농구〉는 얼떨결에 농구부에 들어간 한 어린 소년의 성장 스토리를 통해 농구 선수가 갖춰야 할 핵심 능력과 자세를 생동감 있게 그려 냈습니다. 또한 귀여운 캐릭터를 등장시켜 농구의 역사와 규칙, 기본기들을 흥미롭게 배울 수 있도록 구성했습니다. 농구의 모든 궁금증! 〈Why? 스포츠 농구〉가 시원하게 꽂히는 3점 슛처럼 통쾌하게 해결해 줄 것입니다.

⭐ 차 례

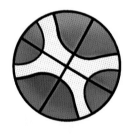

명왕성

몸집이 작아 걱정이 많은 소년. 얼떨결에 초등학교 농구부에 입단한 뒤, 농구의 매력에 푹 빠진다.

명랑

명왕성의 누나. 중학교 농구 선수로, 뛰어난 농구 실력과 강한 승리욕을 지니고 있다.

명석한

명왕성의 아빠. 천체 물리학자로, 퉁퉁한 몸매와 부드러운 배려심, 침착함을 갖고 있다.

변지성

농구 선수 출신의 중년 남성.
질투심이 강하며, 과거
명석한과 불편한 관계로
지낸 적이 있다.

변현수

변지성의 첫째 아들.
실력이 출중한
고등학교 농구 선수로,
신체 조건이 뛰어나다.

변도우

변지성의 둘째 아들.
작은 키와 몸집을 지닌
초등학교 농구 선수로,
자존심과 고집이 세다.

11

슈퍼
울트라~ 슛!

앗!
노 골?

어디에
던지는
거야?

잘봐! 누나가 한 수
가르쳐 줄 테니까.

오예! 골~!

아악!
안 돼!

우앙!

저런!
또 노 골?

★Chapter★

1

Why? Sports X 농구

칠전팔기
농구부 입단

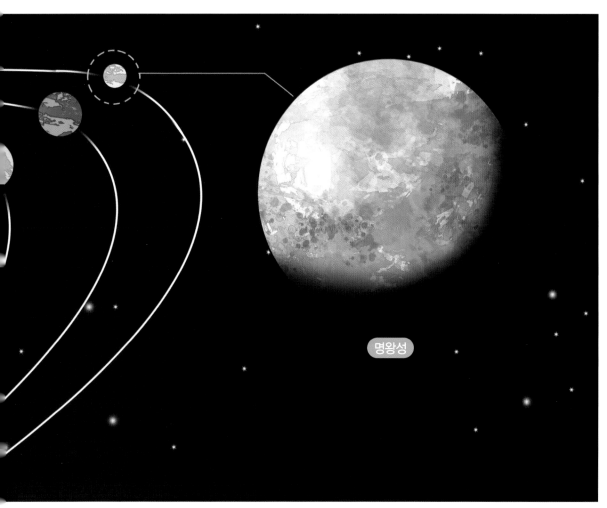

명왕성

현재는 왜소행성 134340으로
살아가고 있다.

귀엽네.

명 왕 성

25

그러던
어느 날…

응?
뭐, 뭐지?

농구부 모집?
이번에 우리 학교에
새로 생겼나 보네?

신생 운동부인데,
아이들한테 인기가
있을까?

농구는 키 큰 애들이 많이 하니까,
지원해도 어차피 탈락하겠지?

그래도 일단
지원해 보자!

3일 뒤

어럽쇼?
내가 농구부
합격이라고?

태양

축하~

농구부 입단을
진심으로
축하합니다!

안녕하세요, 감독님!
뽑아 주셔서
정말 감사합니다.

그런데 감독님은
제 어떤 점을 보고 농부구
입단을 허락해 주셨나요?

그날 저녁

감독님!

응? 집에 안 가고
왜 나를 찾아 왔니?

전 언제까지 후보로 있어야 하나요?
맨날 체력 훈련만 시키고, 대체 농구는
언제 가르쳐 주실 거예요?

응?

넌 아직 어린 신입
농구부원일 뿐이야.
농구 기술을 사용하기엔
아직 기초 체력이
턱없이 부족하다고!

지금은 체력 키우는 데 집중하도록 해!
드리블, 패스, 슛, 리바운드, 블록 같은
농구 기본 기술들은 선배들 경기하는
모습을 통해 틈틈이 잘 배워 두고!

윽! 기본 기술을
배우기에는 아직
멀었다고?

농구 기본 기술

농구는 공격과 수비를 할 때, 드리블, 패스, 슛, 리바운드, 블록 등
다양한 기술이 사용돼요.

드리블

손으로 공을 코트 바닥에
튀기는 기술이다.
드리블을 하지 않고 세 발
이상 걸으면 트래블링
바이얼레이션*이 불린다.

패스

손으로 같은 팀 선수에게
공을 보내는 기술이다.
공을 받은 선수가 득점을 하면,
패스한 선수는 어시스트가
기록된다.

리바운드

림(골대)에 들어가지 않고
튀어나온 공을 잡는 기술이다.
리바운드 할 때 상대 선수를
심하게 밀거나 잡으면
루즈 볼 파울*이 불린다.

슛

공을 림(골대)으로
던지는 기술이다.
3점 슛 라인 안에서 넣으면
2점, 3점 슛 라인 밖에서
넣으면 3점이 주어진다.

블록

상대 팀 선수가 던진 공을 쳐내는 기술이다.
단, 공의 포물선이 내려오는 도중,
공을 쳐낼 때는 골텐딩 바이얼레이션이 된다.

*바이얼레이션: 신체 접촉이 없는 상태에서 일어난 규칙을 어기는 행위
*파울: 신체 접촉이 있는 상태에서 일어난 규칙을 어기는 행위

참! 그나저나 맡고 싶은 포지션은 있니?

그게… 아직 생각은 안 해 봤어요. 사실 포지션에 대해 정확히 아는 게 없어서요.

포지션과 역할

초창기 농구의 포지션은 크게 골밑을 지키는 센터(C), 센터를 도우며 득점도 노리는 포워드(F), 공을 간수하거나 경기 운영을 하는 가드(G)로 이루어져 있었어요. 그러다가 1980년대 이후 역할이 좀더 세분화되면서 센터(C), 파워 포워드(PF), 스몰 포워드(SF), 슈팅 가드(SG), 포인트 가드(PG)로 더 다양해지게 됐지요. 한편 현대 농구에서는 이런 포지션들의 파괴가 일어나면서, 큰 신장을 활용해 공수를 펼치는 빅맨, 골밑을 활발히 돌아다니며 상대 수비를 흔드는 스윙맨, 볼 운반을 맡으며 공격을 이끄는 볼 핸들러로 불리는 경우가 많아지고 있어요.

★Chapter★

2

Why? Sports X 농구

농구의
매력 포인트

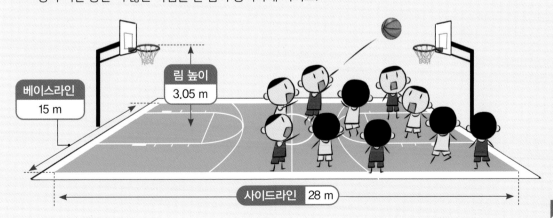

농구 기본 규칙

농구는 5명이 한 팀을 구성해, 상대 팀의 바스켓(원형 금속 테두리인 림과 그물로 구성)에 공을 넣는 경기예요. 경기장 규격은 사이드라인(가로 길이)이 28 m, 베이스라인(세로 길이)이 15 m이며, 림 높이는 3.05 m예요. 경기 시간은 4쿼터제의 경우 1쿼터 당 10분씩, 총 40분으로 이루어져 있으며, 경기 시간 동안 더 많은 득점을 한 팀이 승리하게 되지요.

베이스라인
15 m

림 높이
3.05 m

사이드라인 28 m

와아!
농구 기본기
영상이다.

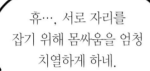

휴…, 서로 자리를
잡기 위해 몸싸움을 엄청
치열하게 하네.

아하! 리바운드 할 때는
위치 선정과 자리 싸움이
중요하구나.

사실 틀린 말은 아니야.
어차피 그만둘 거라면
지금 당장 그만둘까?

후—

...

에잇! 기분도
꿀꿀한데,
바람이나 쐬고
와야겠다.

벌

떡

★Chapter★

3

Why? Sports X 농구

우리 집은
농구 가족?

그날 밤

후유!
아빠 천문대에
다 왔다.

아빠~, 저 농구부에 들어갔어요.

응? 정말?

명석한 (아빠)

하지만, 아직 잘하지 못해 걱정이 많아요. 그만둬야 하나 싶기도 하고요.

그래서 오늘 이 먼 곳까지 왔구나?

우리 잠깐 창고에 갔다 올까?

갑자기 창고는 왜요?

오랜만이군.

어랏!
농구공이잖아요?

누나의
농구공인가요?

글쎄. 한 번
맞혀 볼래?

누나 명랑은
중학교 농구부 주장이자,
팀 내 에이스이다.

누나는 어려서부터
과일 바구니에 과일을
곧잘 넣더니 진짜
농구 선수가 됐다.

야호! 10개 중에
10개 다 넣었어요!

농구의 탄생

농구는 1891년에 미국 스프링필드 대학의 체육 교사였던 '제임스 네이스미스'가 고안했어요. 추운 겨울에도 할 수 있는 실내 스포츠를 고민하던 중, 창고에서 복숭아 바구니를 가져다가 벽에 걸어두고 공을 그 안에 던져 넣는 게임을 만들었는데요. 훗날 바구니가 림으로 바뀌고 공도 오돌토돌한 가죽공으로 바뀌면서 지금의 현대식 농구가 등장하게 되었지요.

응? 누나 유니폼이
아닌 거 같은데요?

농구화도 사이즈가
너무 크고요.

응! 바로 나야.
사실, 아빠는
고등학생 때까지
농구 선수였단다.

말… 말도 안 돼요. 맨날 앉아서
연구하시던 모습만 봤는데….

씨
익

심지어 청소년
국가대표팀 에이스였지.

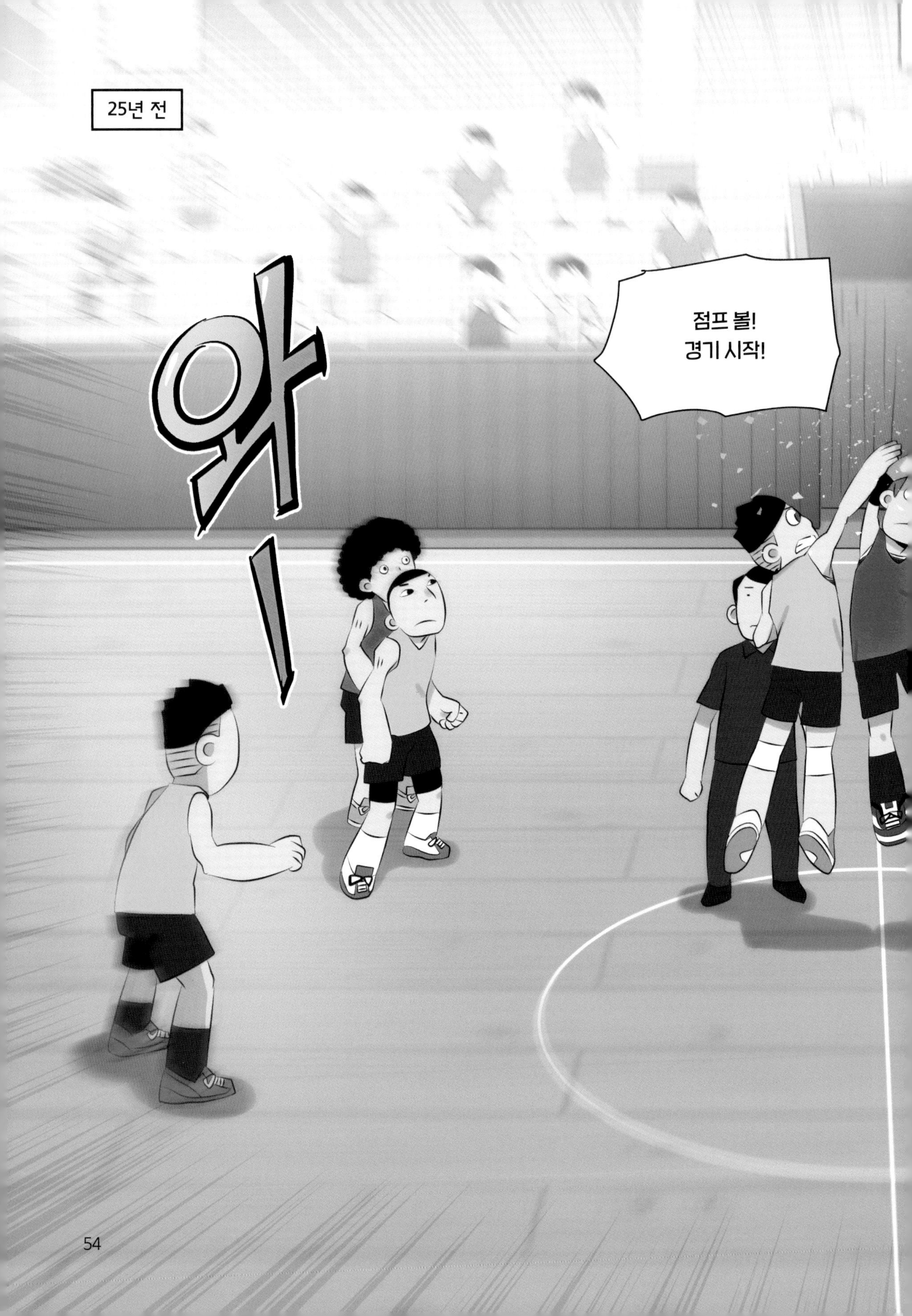
25년 전
와!
점프 볼!
경기 시작!

*풀 업 점프 슛: 공을 갖고 드리블을 하며 움직이다가 급정지한 뒤 쏘는 슛

대단해!
역시 에이스
명석한이야!

쳇!

1학년 녀석이
선배들보다
주목받는 게
맘에 안 들어.

나도 그래.

그동안 말씀
안 하셔서 전혀 몰랐어요.
아빠에게 그런 과거가
있었다니….

우리 천문대 뒤뜰에 있는
농구 코트에 가서 농구 시합
한 번 해 볼래?

네? 지금 갑자기
시합을 하자고요?

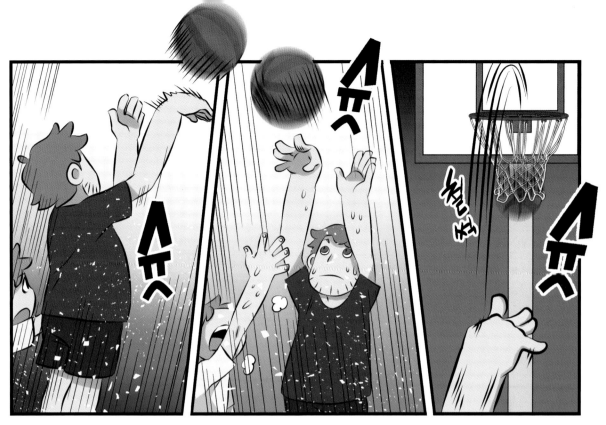

다음 날 아침

쨕

쨕

안녕히 주무셨어요?

항암

어, 그래. 잘 잤니?

부스럭

부스럭

그런데 주말 아침부터 무슨 짐을 싸고 계세요? 혹시 또 천문학회에 가세요? 맨날 바쁘시네요.

포틀랜드 트레일 블레이저스

유타 재즈

새크라멘토 킹스

골든스테이트 워리어스

덴버 너게츠

LA 레이커스/LA 클리퍼스

오클라호마 시티 썬더

피닉스 선즈

샌안토니오 스퍼스

꿈의 무대인 NBA에서 활약한
스타들을 한눈에 볼 수 있는
NBA 명예의 전당에
가게 되다니…. 꿈만 같아.

미네소타 팀버울브스

토론토 랩터스

보스턴 셀틱스

밀워키 벅스

디트로이트 피스톤스

뉴욕 닉스

브루클린 네츠

클리블랜드 캐벌리어스

시카고 불스

필라델피아 세븐티식서스

인디애나 페이서스

워싱턴 위저즈

샬럿 호네츠

멤피스 그리즐리스

애틀란타 호크스

댈러스 매버릭스

휴스턴 로케츠

뉴올리언스 펠리컨스

올랜도 매직

마이애미 히트

NBA란?

NBA는 미국과 캐나다의 농구 팀으로 구성되어 있는 미국 프로 농구 협회를 말해요. 전 세계 최고의 농구 선수들이 모이는 꿈의 무대이죠. 크게 동부 콘퍼런스와 서부 콘퍼런스로 나뉘며, 정규 리그를 진행한 뒤 플레이오프 토너먼트를 거쳐 파이널 우승 팀을 결정해요.

★Chapter★

4

Why? Sports X 농구

NBA
명예의 전당 여행

인천 국제공항

아빠랑 둘이서 농구 여행을 떠나니까 너무 좋아요, 헤헤!

응? 둘이서? 난 그렇게 말한 적이 없는데….

그, 그게 무슨 말씀이세요?

아빠! 여기요!

뭐, 뭐야? 누나가 왜 거기서 나와?

누나도 농구 선수잖니. 모두한테 좋은 동기 부여가 될 거야.

표정이 왜 그래? 불만이야? 설마 이 좋은 기회를 나같은 전국 최고의 유망주를 빼고 혼자만 누릴 생각을 한 건 아니겠지?

윽! 얄미워.

미국 보스턴공항

자, 어서 차에 타렴. 여기 보스턴에서도 두 시간 정도를 더 가야 NBA 명예의 전당에 갈 수 있단다.

금방 갈게요!

그럼 출발해 볼까?

야호! 신난다!

정말 기대돼요!

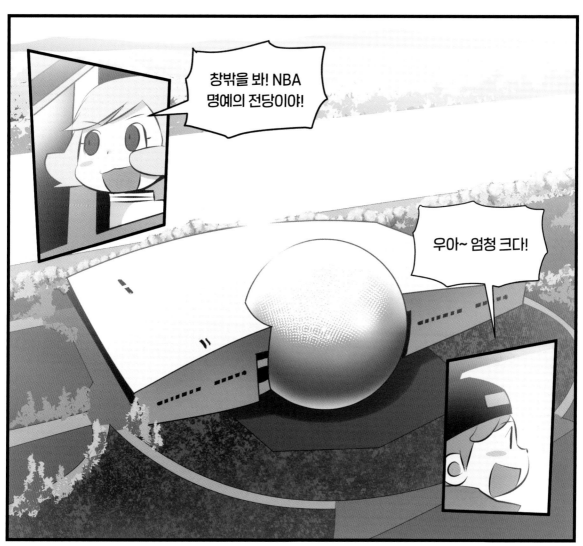

앗! 저기 내가 가장
보고 싶었던 전시물이 보이네.
모두 따라오렴.

바로 NBA 최고의 스타이자 나의 영웅이었던 마이클 조던의 전시물이야. 여섯 번의 NBA 파이널 MVP에 뽑혔고, 득점왕에도 무려 10번이나 올랐지. 마이클 조던은 GOAT(Greatest Of All Time)라고 불리기도 하는데, 이는 역대 최고의 선수를 뜻해.

GOAT?
역대 최고의 선수?
정말 멋지다.

저기 좀 보세요!
1층에 멋진 농구 코트가 있어요.
우리 빨리 내려가서 농구해요.

그, 그래.
성격도 급해라.

그런데 오늘 어떤 체험이
가장 인상 깊었니?

터치스크린에서 봤던 3점 슛 스킬 장면이요.
NBA 최고의 3점 슈터 스테판 커리처럼
훌륭한 슛 기술을 갖고 싶어요.

아, 그럼
현대 농구에서 유용하게
쓰이는 슛 기술에 대해
원 포인트 레슨을
한 번 해 줄까?

네? 원 포인트
레슨이요?

랑아~, 잠깐 슛 시범 조교
역할 좀 해 줬으면 하는데….
원 모션 슛, 투 모션 슛, 로고 슛,
플로터 슛들을 차례대로
던져 주겠니?

네! 대신 기념품 가게에서
예쁜 NBA 굿즈 많이
사 주셔야 해요!

텅 텅
텅

다음은
원 모션 슛!

하지만 현대 농구에서는 점프하자마자
공을 뒤로 빼지 않고 재빨리 앞으로 던지는 원 모션 슛을 쏘는
선수가 많아졌어. 지체없이 빠르게 던지기 때문에 상대 수비수가
블록 타이밍을 잡는 데 애먹게 할 수 있지.

우아~ 슛 동작이
엄청 간결하네요.

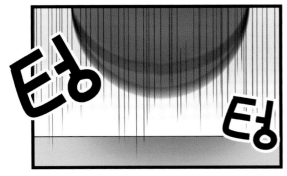

네?
하프라인에서
던진다고요?

이제는 딥 스리(Deep Three)라는 장거리 3점 슛도 자주 등장하고 있어. 심지어 몇몇 선수들은 하프 라인 근처에서 던지는 로고 슛도 심심치 않게 성공시키고 있지.

응. 장거리 3점 슛은 나에게 수비수를 끌어들여 팀 동료에게 활동 공간을 많이 만들어 주는 장점이 있어.

히익! 말도 안 돼! 저, 저게 들어간다고?

출

렁

지금까지 유용한
슛 기술들을 알아봤는데,

네게 하고 싶은 말은
딱 한마디야.

멀리서 쏴라. 그게 키 작은 선수들이
코트를 지배하는 방법이야.

코, 코트를 지배하는
방법이요?

하지만, 공을 멀리서 넣는 건
대단히 어려운 일이잖아요.

뭐야? 약한 모습이나
보이다니….

짜악

아악!

물론이야! 그래서 너에게
특별훈련을 해 주려고 해.
일명 명왕성 프로젝트!

★Chapter★

5

Why? Sports X 농구

지옥의
무한 슈팅 훈련

귀국 후, 천문대 농구장

귀국해서 알려 주겠다던
명왕성 프로젝트가 뭐예요?
전혀 감이 안 오는 걸요.

천문학자 집안 출신이니까,
명왕성에 대해 누구보다
잘 알 거 아니야?

당연하죠.

먼 거리
숏 기술만 익히면,
키 큰 선수를 상대로
자신감도 붙고,
경기력도 엄청
상승할 거야.

제법 그럴싸한
프로젝트 명인데요?
제 이름하고도 같고요.

그래서 수비수를 따돌리기 위해 슛 쏠 수 있는 공간을 찾아 쉴새 없이 움직이는 것이 중요해. 이를 오프 더 무브라고 하지.

그리고 팀 동료들이 상대 수비수의 진로를 미리 막아 주는 스크린도 잘 활용할 줄 알아야 해. 스크린을 걸면 슛을 던질 때 블록 당할 확률이 낮아지니까.

후유~ 익혀 둬야 할 기술들이 엄청 많네요.

자~ 머뭇거릴 시간 없어!
그럼 시작해 볼까?

짜 짜 짜

고!

고!

후 다 닥

응? 농구 골대 뒤에서
뭐 하세요?

부시럭

부시럭

끙끙~!

그게 다 뭐예요?

뒤뚱

뒤뚱

하나 둘!
하나 둘!

치!

치익

대체 뭘 시키시려고?

쓰윽

꼼꼼하게 스티커까지
붙여 주면…, 완성!

슛을 던질 지점에 수비수 입간판들을
세운 거야! 이래야 제대로 훈련이 되지.
승리욕도 생기고 말이야.

왜 하필 누나 얼굴을?

데

용

아직 팔 힘이 부족하고
정확성이 떨어져.

★Chapter★

6

Why? Sports X 농구

패밀리
농구 대회 참가

한 달 뒤

와구

와구

후루ㄱ

많이 배고팠구나?

요즘 학교에서
농구하는 건 재미있니?

명왕성 프로젝트를 해서 확실히 숫 실력이 향상된 거 같아요.

예전보다 공이 훨씬 멀리 날아가고, 방향도 좌우로 잘 벗어나지 않아요.

휘一익

그런데 아직 고학년 형들이 주전이라 실전 기회가 별로 없어요.

시무룩

117

농구 월드컵이란?

국제농구연맹(FIBA: Federation Internationale de Basketball)에서 주최하는 세계 농구 대회예요. 1950년 1회 대회가 개최됐으며, 보통 4년에 1번씩 열리고 있지요. 2010년 대회까지는 FIBA 세계 선수권 대회로 불리다가 2014년부터 농구 월드컵이란 대회명을 사용하게 되었는데요. 우승 팀에게는 농구 창시자의 이름을 딴 네이스미스 트로피가 수여된답니다.

아빠! 부상 때문에 은퇴한 지 오래 되시긴 했는데,

혹시 참가 가능하세요?

· · ·

하하, 글쎄.

한때 가장 뛰어난 농구 선수이셨잖아요!

맞아!

헉

동생은 별 도움이 안 되니까,
아빠가 꼭 필요해요.

뭐? 나도
잘할 수 있다고!

칫! 방해만 안 되면
다행이랄까?

뭐라고?

메롱~.

맙소사! 만나기만 하면 싸우고,
변한 게 하나도 없구나.

아… 아빠.

네? 3점 슛은 멀리서 던져서 성공률이 낮은 편인데, 눈까지 가린다고요?

까짓것 한 번 해 보지 뭐.

스 윽

· · ·

텅

텅

예전 선수 시절 때 이렇게 많이 놀았으니까.

이런~ 안 들어갈 줄
알았는데….

그럼….

그래. 다 같이
참가하는 거다!

아빠!

하 하 하 하

최고!

★Chapter★

7

Why? Sports X 야구

다시 만난 적수

이번 대회는 3on3 규칙과 5on5 규칙이 혼합된 특별 규칙으로 진행되죠?

네. 먼저 3on3 농구처럼 1/2 하프 코트에서 경기를 펼치고, 경기 시간은 총 10분입니다.

그리고 5on5 농구처럼 3점 라인 안에서 득점하면 2점, 3점 라인 밖에서 득점하면 3점이 주어지며, 점수를 더 많이 얻은 팀이 승리합니다.

그럼 대회를 시작하겠습니다!

자, 가 볼까?

좋아요!

네에!

137

곧 대망의 결승전을
시작하겠습니다.
양 팀은 준비해 주세요.

제가 상대 팀
경기를 잠깐 봤는데,
엄청나더라고요.

아니,
저 참가자는?

여어~
이게 누구야?

그때나 지금이나 미안한 기색이 전혀 없군.

절레 절레

저 상대팀 포워드 선수….

변현수

변지성

고교 랭킹 10위 안에 드는 변현수 선수잖아? 쉽지 않겠는걸.

경기 시작!

변현수

텅

포스트 업*? 으윽, 힘이 너무 세서 계속 밀리잖아!

변현

텅

텅

*포스트 업: 상대 수비수와 림을 등지고 공격하는 동작

스핀 무브*에 의한 득점! 2 대 0!

팁 인*으로 또다시 득점! 4 대 0!

경기 스코어가 20 대 6까지 벌어졌네요. 변현수 선수를 막기 힘들어 보입니다.

*스핀 무브: 드리블 중에 몸을 회전시키는 기술
*팁 인: 튀어나온 공을 톡 쳐서 림에 넣는 동작

잠깐 모여 볼래!

변현수는 체격이 엄청 커서 골밑에서 막기 힘들 거야.

반면 상대팀 가드 변도우는 발이 느려서, 장거리 슛으로 공략하기 좋을 거야. 그 말은 즉, 명왕성 프로젝트를 발동하기 좋은 때라는 거지.

아… 네에….

그럼 플랜 B를 시작해 볼까?

네!

경기 다시 시작!

뭐야? 어디까지 가는 거야?

혹시 공간을 넓혀서 공격을 하려는 건가?

★Chapter★

8

Why? Sports X 농구

마지막 승부수, 스페이싱 농구

*스페이싱: 공간을 넓게 만들어 드리블 돌파나 패스에 의한 3점 슛을 쉽게 시도할 수 있도록 하는 전술

또다시 3점 슛!

와—

너무 재빨라서 못 따라 잡겠어.

헉 헉 헉

20 대 15! 3점 슛을 연이어 넣어 점수 차이를 5점으로 좁힙니다!

또 3점 슛을 내 줄 수는 없다!

악! 스크린?

어딜 가려고?

*페이크: 공격이나 수비를 할 때, 상대 선수에게 혼란을 유도하는 속임 동작
*노룩 패스: 다른 방향을 바라보며 동료 선수에게 전달하는 패스

와아!
역전이다!

크윽···.

*버저비터: 경기 종료 버저 소리와 동시에 성공된 숏
*슬램덩크: 강력하게 림에 내려 꽂는 덩크 숏

Why? Sports 〈농구〉

2024년 12월 15일 1판1쇄 발행

펴낸이 나성훈   **펴낸곳** (주)예림당
등록 제2013-000041호   **주소** 서울특별시 성동구 아차산로 153
구매 문의 전화 561-9007 **팩스** 562-9007
책 내용 문의 전화 3404-9271
http://www.yearim.kr
ISBN 978-89-302-8025-9 74080
ISBN 978-89-302-3700-0 (세트)
ⓒ 2024 예림당

STAFF
편집개발 민홍기/남진솔 **디자인** 강임희
사진 이건무 **콘텐츠제휴** 문하영
제작 신상덕 박경식 **마케팅** 임상호 전훈승
PHOTO CREDIT 123RF

Copyright©2024 YEARIMDANG PUBLISHING CO.,LTD. All right reserved

이 책은 저작권법에 따라 보호받는 저작물이므로 무단 전재와 무단 복제를 금합니다.
이 책의 표지 이미지나 내용 일부를 사용하려면 반드시 ㈜예림당의 서면 동의를 받아야 합니다.
낙장, 파본 등 결함이 있는 도서는 구입한 곳에서 교환받을 수 있습니다.

⚠️ 주의 : 책을 던지거나 떨어뜨리면 다칠 우려가 있으니 주의하십시오.